Cambridge Plain Texts

CALDERÓN

LA CENA DE BALTASAR

CALDERÓN

LA CENA DE
BALTASAR

CAMBRIDGE
AT THE UNIVERSITY PRESS
1925

CAMBRIDGE UNIVERSITY PRESS
Cambridge, New York, Melbourne, Madrid, Cape Town,
Singapore, São Paulo, Delhi, Mexico City

Cambridge University Press
The Edinburgh Building, Cambridge CB2 8RU, UK

Published in the United States of America by Cambridge University Press, New York

www.cambridge.org
Information on this title: www.cambridge.org/9781107619098

First published 1925
Re-issued 2013

A catalogue record for this publication is available from the British Library

ISBN 978-1-107-61909-8 Paperback

NOTE

In the *Autos Sacramentales*, PEDRO CALDERÓN DE LA BARCA (1600–1681), the lyric dramatist, the Catholic poet of his age, expressed his firm faith by means of a kind of pious symbolism. The salient points of his theatre are Honour, Loyalty to the King and Loyalty to the Church, and the intensification of this last theme converts his Autos into "Sermones en representable idea."

The name "Auto" came to be applied to a dramatic representation in one act with the Eucharist as its theme, played only on Corpus Christi day. The Auto Sacramental is a difficult form of composition as the characters, usually allegorical, are liable to become monotonous, and the ending must always be the same. Consequently the first known examples are very short. Gil Vicente's *Auto de San Martinho* contains 81 lines and has only three characters. In the hands of Calderón, the best writer of the "starry Autos," they attain a length of 1700 lines and require as many as 14 characters.

In drama, the Eucharist can be treated by means of a discussion between two characters, by an accepted allegory as in *La Primer Flor del Carmelo*, or by an invented allegory sustained by abstract characters; parables may be employed and mythological stories may be adapted; Old Testament stories, well known to the audience, can be used allegorically, and at times a hospital scene or a hunting party can be pressed into service to lend variety. Various Old Testament themes lend themselves readily to allegorical interpretation. These stories were frequently used by Calderón, and he was especially fond of the Babylonian theme. Babylon figures in *La Torre de Babilonia*, *La Primer Flor del Carmelo*, and *La Cena*. The reason is obvious. In the *Siglo de Oro* the Spaniards were interested in theological questions, in Mysticism and in the doctrine of the Real Presence.

Calderón wrote *La Cena* whole-heartedly; he knew that the people would welcome the story. First printed in 1664, it must have been written before 1659, as we know the names of all Autos played after that date. Apparently it was written shortly before 1640 and produced in Madrid (as Idolatría says), for a Loa prefixed to Pando's edition (1717) mentions the Acates of Philip IV. This Acates must be Olivares, and he fell from power in 1640. Hardly any Auto or Comedia could better illustrate the beauties and defects of Calderón's style and technique. Like *La Vida es Sueño* (the Auto) it contains beautiful lyrical passages. There is a lyric force in the speech of La Muerte in Scene IV, though the later portion is disfigured both by Culteranismo and Conceptismo. The speech of Idolatría beginning with "Baltasar generoso" shows the fine phantasy and imagination which distinguish Calderón. The dramatic power of Daniel's refrain "La mano de Dios" in Scene II is striking. Baltasar's long address to Idolatría in Scene II illustrates Calderón's fondness for long speeches, and contains further Gongoristic passages.

Calderón was essentially a man of seventeenth century Spain, and as the Gracioso was an essential in the Capa y Espada plays, he introduced a comic type into *La Cena*. El Pensamiento in his motley dress typifies frail man's foolish thought.

Drama in the *Siglo de Oro* was accompanied by essential rather than incidental music. The Autos were always played with great solemnity, with elaborate scenery and contrivances to represent Heaven, Earth and Hell. The music was, however, one of the principal features, and in every Auto of Calderón are directions for chirimías and popular or sacred songs. The final scene nearly always ends with a *villancico*. In *La Cena*, Scenes II, IX, XIII and XVII have either instrumental or vocal music, and the last scene ends to music. Music in this Auto generally means "chorus."

There is much that is conventional in Calderón's language. If one of two characters is about to leave the

stage, the other will say, "Oye, advierte, óyeme, mira."
See, for example, Daniel's opening speech in Scene I.
The order of the words may be changed or slightly
altered as in Scene xv. Under slightly different circum-
stances one of the following phrases will always begin
the scene: "¿Quién me llama? ¿Qué es esto? ¡Ay de
mí!" This sameness and monotony of language and
subject led to the decline of the Auto after Calderón.
Just as Lope de Vega had worked out all the variations
possible in the Capa y Espada, so Calderón had ex-
hausted the resources of the Auto. Drama declined and
no other Auto of merit was written after Calderón's death
in 1681. In the eighteenth century the *Intelectuales*
attacked the Autos, partly on account of the growing
French philosophic ideas, and partly because they only
saw the very evident defects. It is, at times, impossible
to understand whether a character is meant to be real
or allegorical, and there are many anachronisms. In
the *Indulto General*, Adam, David and Solomon con-
verse on the same stage. Moratin's three verse satires,
Los Desengaños del teatro español, led to the prohibition
of the Autos in 1765.

                                        J. W. BARKER

October, 1924

LA CENA DE
BALTASAR

PERSONAS

EL REY BALTASAR
IDOLATRÍA, *dama*
VANIDAD, *dama*
DANIEL, *viejo*
PENSAMIENTO
MUERTE
UNA ESTATUA, *a caballo*
ACOMPANAMIENTO
MÚSICOS

LA CENA DE BALTASAR

*(Jardín magnífico del palacio de Baltasar con
un cenador y un muro al fondo)*

ESCENA PRIMERA

Sale el PENSAMIENTO *vestido de loco, de muchos
colores, y* DANIEL *tras él deteniéndole*

DAN.   Espera.

PENS.   ¿Qué he de esperar?

DAN.   Advierte.

PENS.   ¿Qué he de advertir?

DAN.   Óyeme.

PENS.   No quiero oir.

DAN.   Mira.

PENS.   No quiero mirar.

DAN.   ¿Quién respondió de ese modo
Nunca a quien le preguntó?

PENS.   Yo, que solo tengo yo
Desvergüenza para todo.

DAN.   ¿Quién eres?

PENS.   Cuando eso ignores
Vengo a ser yo el ofendido.
¿No te lo dice el vestido,
Agironado a colores,
Que como el camaleón,
No se conoce cuál es
La principal causa? Pues
Oye mi definición;
Yo de solos atributos,
Que mi ser inmortal pide,
Soy una luz, que divide

I—2

A los hombres de los brutos.
Soy el primero crisol,
En que toca la fortuna,
Más mudable que la luna,
Y más ligero que el sol.
No tengo fijo lugar,
Donde morir y nacer,
Y ando siempre, sin saber
Dónde tengo de parar.
La adversa suerte, o la altiva
Siempre a su lado me ve;
No hay hombre en quien no esté,
Ni muger en quien no viva.
Soy en el rey, el desvelo
De su reino y de su estado:
Soy en el que es su privado
La vigilancia y el celo:
Soy en el reo, la justicia;
La culpa, en el delincuente;
Virtud, en el pretendiente;
Y en el próvido, malicia:
En la dama, la hermosura;
En el galán, el favor;
En el soldado, el valor;
En el tahur, la ventura;
En el avaro, riqueza;
En el mísero, agonía;
En el alegre, alegría;
Y en el triste, soy tristeza;
Y, en fin, inquieto y violento,
Por dondequiera que voy,
Soy todo y nada, pues soy
El humano Pensamiento.

Mira si bien me describe
Variedad tan singular,
Pues quien vive sin pensar
No puede decir que vive.
Esto es, si en común me fundo,
Mas hoy en particular
Soy el del rey Baltasar,
Que no cabe en todo el mundo.
Andar de loco vestido,
No es porque a solas lo soy,
Sino que en público estoy
A la prudencia rendido;
Pues ningún loco se hallara,
Que más incurable fuera,
Si ejecutara y dijera
Un hombre cuanto pensara:
Y así, lo parecen pocos,
Siéndolo cuantos encuentro,
Porque, vistos hacia dentro,
Todos somos locos,
Los unos y los otros.
Y en fin, siendo loco yo,
No me he querido parar
A hablarte a tí, por mirar
Que no es compatible, no,
Que estemos juntos los dos;
Que será una lid cruel,
Porque, si tú eres Daniel,
(Que es decir, *juicio de Dios*,)
Mal ajustarse procura
Hoy nuestra conversación,
Si somos, en conclusión,
Juicio tú, y yo locura.

DAN.   Bien podemos hoy un poco
Hablar los dos con acuerdo,
Tú subiéndote a ser cuerdo,
Sin bajarme yo a ser loco,
Que aunque es tanta la distancia
De acciones locas y cuerdas,
Tomando el punto a dos cuerdas,
Hacen una consonancia.

PENS.   Responderte a todo intento,
Y es consecuencia perfeta,
Que lo que alcanza un profeta,
Se lo diga el Pensamiento.

DAN.   Dime, ¿de qué es el placer,
Que ahora vuelas celebrando?

PENS.   De la boda estoy pensando,
Que hoy Babilonia ha de ver
El aplauso superior.

DAN.   Pues ¿quién, di, se ha de casar?

PENS.   Nuestro gran rey Baltasar,
De Nabucodonosor
Hijo, en todo descendiente.

DAN.   ¿Quién es la novia feliz?

PENS.   La gallarda emperatriz
De los reinos del oriente,
Cuna donde nace el día.

DAN.   ¿Ella es idólatra?

PENS.   ¡Pues!
Y tan idólatra es,
Que es la misma Idolatría.

DAN.   ¿Él no estaba ya casado
Con la humana Vanidad
De su imperio y magestad?

PENS.   Su ley licencia le ha dado

De dos mujeres, y aun mil;
Y aunque Vanidad tenía,
Vanidad e Idolatría
Le hacen soberbio y gentil;
Juicio de Dios, oh Daniel,
Que todo es uno, que así
Lo dice el testo.

DAN.   ¡Ay de mí!

PENS.   ¿Habláis de casar con él,
Que tanto lo sentís vos?
(Mal en decírselo hice.)   [*Aparte*

DAN.   ¡Ay de tí, reino infelice!
¡Ay de tí, pueblo de Dios!

PENS.   Si va a decir la verdad,
Vos estáis ahora pensando
Que él celebra bodas, cuando
Lloráis en cautividad
Vosotros; y es el dolor
De que esta boda no sea
Con la Sinagoga hebrea,
Por quedar libres, y por...
Pero la música suena;   [*Tocan chirimías*
Presto a otra cosa pasé;
Mientras Babilonia ve
Qué recibimiento ordena
A su reina, que los dos
Nos retiremos, nos dice.

DAN.   ¡Ay de tí, reino infelice!
¡Ay de tí, pueblo de Dios!

[*Retíranse*

ESCENA II

Tocan chirimías, y salen BALTASAR, *y la* VANIDAD, *y por otra parte la* IDOLATRÍA *muy bizarra, y Acompañamiento*

BALT.   Corónese tu frente
De los hermoso rayos del oriente,
Si ya la pompa suya
No es poca luz para diadema tuya:
Gentil Idolatría,
Reina en mi imperio y en el alma mía,
En hora feliz vengas
A la gran Babilonia, donde tengas
En mi augusta grandeza
Dosel debido a tu imperial belleza,
Rindiéndose a tus plantas,
Cuantas estatuas, cuantas
Imágenes y bultos
Dan holocaustos, sacrifican cultos
A tu aliento bizarro,
En oro, en plata, en bronce, en piedra, en barro.

IDOL.   Baltasar generoso,
Gran rey de Babilonia poderoso,
Cuyo sagrado nombre,
Porque al olvido, porque al tiempo asombre,
El hebreo sentido
Le traduce *tesoro*, que escondido
Estará; la feliz Idolatría,
Emperatriz de la mansión del día
Y reina del Oriente,
Donde joven el sol resplandeciente,
Más admirado estuvo

De quien la admiración principio tuvo,
Hoy a tu imperio viene
Por el derecho que a tus aras tiene.
Pues desde que en abismos sepultado,
Del gran diluvio el mundo salió a nado,
Fué este imperio el primero
Que introdujo, político y severo,
Dando y quitando leyes,
La humana idolatría de los reyes,
Y la divina luego
De los dioses en lámparas de fuego.
Nebrot hable adorado,
Y Moloc, en hogueras colocado;
Pues los dos merecieron este estremo,
Nembrot por Rey, Moloc por Dios supremo.
De donde se siguieron
Tantos ídolos, cuantos hoy se unieron
A estas bodas propicios,
Pues las ven en confusos sacrificios
Treinta mil dioses bárbaros, que adoro
En barro, en piedra, en bronce, en plata, en oro.

PENS. (*aparte a Daniel*)   Aquesta sí que es vida;
Haya treinta mil dioses, a quien pida
Un hombre, en fin, lo que se le ofreciere,
Porque éste otorgue lo que aquél no diere;
Y no tú, que importuno
Tienes harto con uno,
Que de oírlo me espanto,
¿Y un solo Dios puede acudir a tanto
Como tiene que hacer?

DAN. (*aparte al Pensamiento*)   Cuando lo sea,
En más su mano universal se emplea.

BALT.   Habla a la hermosa Vanidad, que ha sido

Mi esposa; y pues las dos habéis nacido
De un concepto, a las dos unir procura
Mi ambición. ¡Qué belleza! ¡Qué hermosura!
      [*Mirando a las dos, y él en medio*

IDOL.   Dame, soberbia Vanidad, los brazos.
VAN.   Eternos han de ser tan dulces lazos.
IDOL.   Envidia la beldad tuya me diera,
Si lo divino que envidiar tuviera.
VAN.   Celos tu luz me diera, por los cielos;
Pero la Vanidad no tiene celos.
BALT. (*aparte*)   Un día me amanece en otro día,
Y entre la Vanidad e Idolatría,
La más hermosa, el alma temerosa
Duda; porque cualquiera es más hermosa,
Cuando con el aplauso lisonjero
Rey me apellido, y dios me considero.
IDOL.   ¿De qué te has suspendido?
VAN.   ¿De qué te has divertido?
BALT.   Tu gran beldad, ¡oh Idolatría! me admira;
Tu voz, ¡oh Vanidad! dulce me inspira;
Y así, porque divierta mi tristeza,
Movido de tu aliento y tu belleza,
Hoy a las dos pretendo
Desvanecer y enamorar, haciendo
La Idolatría alarde de mis glorias,
Cuando la Vanidad de mis victorias.
De aquel soberbio Nabuco,
A cuyo valor, y a cuya
Majestad obedecieron
Hado, poder y fortuna;
De aquel rayo de Caldea,
Que, desde la esfera suya
Flechado, Jerusalén

Llora su abrasada injuria;
De aquél, que a cautividad
Redujo la sangre justa
De Israel, transmigración,
Que hoy en Babilonia dura;
De aquél que robó del Templo
Vasos y riquezas sumas,
Despojo sagrado ya
De mi majestad augusta;
De aquél, en fin, que a los campos
Pació la esmeralda bruta,
Medio hombre, medio fiera,
Monstruo de vello y de pluma,
Hijo soy, deidades bellas;
Y porque le sostituya,
Como en el reino, en la fama,
Como en la fama, en la furia,
Los altos dioses, que adoro,
De tal condición me ilustran,
Que no dudo, que en mi pecho,
O se repita, o se infunda
Su espíritu, y que heredada
El alma, también se infunda
En mi cuerpo, si es que dos
Pudieron vivir con una.
No el ser, pues, rey soberano
De cuanto el Tigris circunda,
De cuanto el Eufrates baña,
Y de cuanto el sol alumbra
Por tantas provincias, que
A sólo verlas madruga
(Porque no se cumpla el día
Sin que la tarea se cumpla,)

La sed de tanta ambición,
O satisface, o apura;
Y sólo me desvanece,
Sea valor, o locura,
Tener sobre aquestos montes
Jurisdición absoluta,
Porque éstos son de Senar
Aquella campaña ruda,
Que entre la tierra y el cielo
Vió tan estupenda lucha,
Cuando los hombres osados,
Con valor, y sin cordura,
Armaron contra los dioses
Fábricas, que al sol se encumbran.
Y para que sepas tú,
Vanidad, de cuanto triunfas;
Y cuanto tú, Idolatría,
Vienes a mandar, escucha:
Estaba el mundo gozando
En tranquila edad segura
La pompa de su armonía,
La paz de su compostura,
Considerando entre sí,
Que de una masa confusa,
(Que ha llamado la poesía
Caos, y *nada* la Escritura)
Salió a ver la faz serena
De esa azul campaña pura
Del cielo, desenvolviendo
Con lid rigurosa y dura,
De las luces y las sombras,
La unidad con que se aúnan,
De la tierra y de las aguas,

El nudo con que se anudan,
Dividiendo y apartando
Las cosas, que cada una
Son un mucho de por sí,
Y eran nada todas juntas;
Consideraba, que halló
La tierra que antes inculta,
E informe estuvo, cubierta
De flores, que la dibujan;
El vago viento poblado
De las aves que le cruzan;
El agua hermosa habitada
De los peces que la surcan;
Y el fuego con esas dos
Antorchas, el sol y luna,
Lámparas del día y la noche,
Ya solar y ya nocturna;
Que se halló, en fin, con el hombre,
Que es de las bellas criaturas,
Que Dios, por mayor milagro,
Hizo a semejanza suya:
Con esta hermosura vano,
No hay ley a que le reduzga,
Tan antiguo es en el mundo
El ser vana la hermosura:
Vano y hermoso, en efecto,
Eterna mansión se juzga,
Sin parecerle que haya
Por castigo de sus culpas,
Guardado un universal
Diluvio, que le destruya;
Y con esta confianza
En solos vicios se ocupan

Los hombres, mal poseídos
De la soberbia y la gula,
De la avaricia y de la ira,
De la pereza y lujuria,
Enojados, pues, los dioses,
A quien nada hay que se encubra,
Trataron de deshacer
El mundo, como a su hechura,
No a diluvios, pues, de rayos
Se vió la cólera suya
Fiada a incendios, si de agua,
Porque la majestad suma
Tal vez con nieve fulmina,
Y tal vez con fuego inunda
Cubrióse el cielo de nubes
Densas, opacas y turbias,
Que como estaba enojado,
Por no revocar la justa
Sentencia, no quiso ver
De su venganza sañuda,
Su mismo rigor; y así,
Entre tinieblas se oculta,
Entre nubes se enmaraña,
Porque aun Dios, con ser Dios busca
Para mostrar su rigor
Ocasión, si no disculpa;
El principio fué un rocío
De los que a la Aurora enjuga
Con cendales de oro el sol;
Luego una apacible lluvia
De las que a la tierra dan
El riego con que se pula;
Luego fueron lanzas de agua,

Que nubes y montes juntan,
Teniendo el cuento en los montes
Cuando en las nubes las puntas;
Luego fueron desatados
Arroyos, creció la furia;
Luego fueron ríos; luego
Mares de mares: ¡Oh suma
Sabiduría! tú sabes
Los castigos que procuras.
Bebiendo sin sed el orbe,
Hecho balsas y lagunas,
Padeció tormenta de agua,
Por bocas y por roturas
Los bostezos de la tierra,
Que por entre abiertas grutas
Suspiran; cerrado ya
En prisión ciega y oscura,
Tuvieron al aire; y él
Que por donde salir busca
Brama encerrado, y al fiero
Latido, que dentro pulsa,
Las montañas se estremecen,
Y los peñascos caducan.
Aquese freno de arena,
Que para a raya la furia
De ese marino caballo,
Siempre argentado de espuma,
Le soltó todas las riendas,
Y él desbocado procura,
Corriendo alentado siempre,
No parar cobarde nunca.
Las fieras desalojadas
De sus estancias incultas,

Ya en las regiones del aire,
No es mucho que se presuman
Aves; las aves nadando,
No es mucho que se introduzcan
A ser peces; y los peces,
Viviendo las espeluncas,
No es mucho que piensen ser
Fieras, porque se confundan
Las especies; de manera,
Que en la deshecha fortuna,
Entre dos aguas, que así
Se dice que está el que duda,
El pez, el bruto y el ave
Discurren sin que discurran,
Donde tiene su mansión
La piel, la escama y la pluma.
Y al último parasismo,
El mundo se desahucia,
Y en fragmentos desatados
Se parte y se descoyunta;
Y como aquél que se ahoga,
A brazo partido lucha
Con las ondas, y ellas hacen
Que aquí salga, allí se hunda;
Así el mundo, agonizando
Entre sus ansias se ayuda.
Aquí un edificio postra,
Allí descubre una punta,
Hasta que rendido ya
Entre lástimas y angustias,
De cuarenta codos de agua
No hay parte que no se cubra,
Siendo a su inmenso cadáver

Todo el mar pequeña tumba.
Cuarenta auroras a mal
Echó el sol, porque se enlutan
Las nubes y luz, a exequias
Desta máquina difunta.
Sólo aquella primer nave,
A todo embate segura,
Elevada sobre el agua,
A todas partes fluctúa,
Tan vecina a las estrellas,
Y a los luceros tan junta,
Que fué alguno su farol,
Y su linterna fué alguna;
En ésta, pues, las reliquias
Del mundo salvó la industria
De Noé, depositando,
Todas sus especies, juntas,
Hasta que el mar, reducido
A la obediencia que jura,
Se vió otra vez y otra vez
La tierra pálida y mustia,
Desmelenada la greña,
Llena de grietas y arrugas:
La faz de la luz apenas
Tocada, pero no enjuta,
Asomó entre ovas y lamas
La disforme catadura,
Y en retórico silencio
Agradecida saluda
Del arco de paz la seña,
Pajiza, leonada y rubia.
Segundo Adán de los hombres
Con generación segunda,

El mundo volvió a poblar
De animales y criaturas.
Nembrot, hijo de Canaan,
Que las maldiciones suyas
Heredó, estirpe en efecto
Aborrecida e injusta,
Las provincias de Caldea,
Con sus familias ocupa,
Y sus hijos, cada uno
De tan disforme estatura,
Que era un monte organizado
De miembros y de medulas.
Éstos, pues, viendo que un arca
Al mundo salvó, procuran
Con fábrica mas heróica,
Con máquina más segura,
Hacer contra los enojos
Del cielo una fuerza, cuya
Majestad en los diluvios
Los guarde y los restituya.
Ya para la escelsa torre
Montes sobre montes juntan;
Y la cerviz de la tierra,
De tan pesada coyunda
Oprimida, la hacen que
Tanta pesadumbre sufra,
Bien que con el peso gima,
Bien que con la carga cruja.
Crece la máquina, y crece
La admiración que la ayuda
A ser dos veces mayor,
Pues no hay gentes que no acudan
A su edificio, hasta ver,

Que la inmensa torre suba
A ser yámbico pilar,
A ser dórica columna,
Embarazo de los vientos,
Y lisonja de la luna.
Ya con la empinada frente
La esfera abolla cerúlea,
Y con el cuerpo en el aire,
Tanto estorba, como abulta;
Pero en medio desta pompa,
Deste aplauso, esta ventura,
Les cortó el cielo los pasos;
Porque el mirar le disgusta,
Escalar de sus esferas
La sagrada arquitectura;
Y porque no por asalto
Ganarle el hombre presuma,
Quiere, que en los que la labran
Tal variedad se introduzca,
De lenguas, que nadie entienda
Aun lo mismo que articula.
Suenan en todos a un tiempo
Destempladas y confusas
Voces, que el sentido humano
Hasta entonces no oyó nunca;
Ni éste sabe lo que dice,
Ni aquél sabe lo que escucha;
Porque desta suerte el orden,
O se pierda, o se confunda.
Setenta y dos lenguas fueron
Las que los hombres pronuncian
En un instante, que tantas
Quiere el cielo que se infundan

En setenta y dos idiomas;
Repetido se divulga
El eco, y desesperados
Los hombres ya, sin que arguyan
La causa, huyen de sí mismos,
Si hay alguien que de sí huya.
Cesa el asalto, porque
No quede memoria alguna
De tan glorioso edificio,
De fábrica tan augusta.
Preñada nube a este tiempo
Para que más le confunda,
Hace herida, que su vientre
Humo exhale, y fuego escupa,
Siendo de su atrevimiento
Ella misma sepultura,
Haciendo de sus ruinas
Pira, monumento y urna.
Yo, pues, viendo que mi pecho
La fama a Nembrot le hurta,
Creo, que quedar entonces
Tantas cenizas caducas,
Fué porque yo la acabase,
Pues en mí a un tiempo se juntan
Vanidad e Idolatría,
Con que a tantos rayos luzca.
Pues si tú me das aliento
Con que hasta el imperio suba,
Si tú me aplacas los dioses;
Si tú, Vanidad, me ayudas;
Si tú, Idolatría, me amparas;
¿Quién duda decir, quién duda,
Que atrevido, y no postrado,

Tan grande promesa cumpla?
Y así quiero, que las dos
Reinen en mi pecho juntas;
Idólatra a tu belleza,
Y vano con tu hermosura,
Sacrificando a tus dioses,
Mereciendo tus fortunas,
Adorando tus altares,
Logrando tus aventuras
En láminas de oro y plata,
Que caracteres esculpan,
Vivirá mi nombre eterno
A las edades futuras.

IDOL.   A tus piés verás que estoy
Siempre firme y siempre amante.

VAN.   Siempre, Baltasar, constante
Luz de tus discursos soy.

IDOL.   Y si a los dioses te igualas,
Yo por dios te he de adorar.

VAN.   Yo, porque puedas volar,
Daré a tu ambición mis alas.

IDOL.   Sobre la deidad más suma
Coronaré tu arrebol.

VAN.   Yo, para subir al sol,
Te haré una escala de pluma.

IDOL.   Estatuas te labraré,
Que repitan tu persona.

VAN.   Yo al laurel de tu corona
Más hojas añadiré.

BALT.   Dadme las manos las dos;
¿Quién de tan dulces abrazos
Podrá las redes y lazos
Romper?

DAN. ¡La mano de Dios! [*Adelantándose*

BALT. ¿Quién tan atrevido así
A mis voces respondió?

PENS. Yo no he sido.

BALT. ¿Pues quién?

DAN. Yo.

BALT. Pues, hebreo, ¿cómo así
Os atrevéis vos, que fuisteis
En Jerusalén cautivo?
¿Vos que humilde y fugitivo
En Babilonia vivisteis?
¿Vos mísero y pobre, vos
Así me turbáis? ¿Así?
¿Quién ya libraros de mí
Podrá?   [*Va a sacar la daga*

DAN. La mano de Dios.

BALT. Tanto puede una voz, tanto,
Que de oírla me retiro.
De mi paciencia me admiro,
De mi cólera me espanto.
Enigma somos los dos.
Cuando tu muerte pretende
Mi furor, ¿quién te defiende,
Daniel?

DAN. La mano de Dios.

PENS. ¡Lo que en la mano porfía!

VAN. (*a Baltasar*) Déjale, que su humildad
Desluce mi vanidad.

IDOL. Y su fe mi idolatría.

BALT. Vida tienes por las dos,
Y que viva me conviene,
Porque vea que no tiene
Fuerza la mano de Dios.
    [*Vase con la Vanidad y la Idolatría*

ESCENA III

DANIEL *y el* PENSAMIENTO

PENS.   De buena os habéis librado,
Y yo estimo la lección,
Pues en cualquiera ocasión,
En que me vea apretado,
Sé como me he de librar;
Pues sin qué, ni para qué,
La mano de Dios diré,
Y a todos haré temblar;
Y pues de mano los dos
Solamente nos ganamos,
Mano a mano nos partamos:
Id a la mano de Dios.   [*Vase*

ESCENA IV

DANIEL. *Luego la* MUERTE

DAN.   ¿Quién sufrirá tus inmensas
Injurias, autor del día?
Vanidad e Idolatría
Solicitan tus ofensas;
¿Quién podrá? ¿Quién de mi fe
En esta justa esperanza
Tomar por vos la venganza
Deste agravio?
                [*Sale la Muerte con espada y daga, de
                galán con un manto lleno de muertes*
MUER.   Yo podré.
DAN.   Fuerte aprehensión, ¿qué me quieres,
Que entre fantasmas y sombras,

Me atemorizas y asombras?
Nunca te he visto, ¿quién eres?

MUER. Yo, divino profeta Daniel,
De todo lo nacido soy el fin;
Del pecado y la envidia hijo cruel,
Abortado por áspid de un jardín.
La puerta para el mundo me dió Abel,
Mas quien me abrió la puerta fué Caín,
Donde mi horror introducido ya,
Ministro es de las iras de Jeová.
  Del pecado y la envidia, pues, nací,
Porque dos furias en mi pecho estén;
Por la envidia caduca muerte dí
A cuantos de la vida la luz ven:
Por el pecado muerte eterna fuí
Del alma, pues que muere ella también:
Si de la vida es muerte el espirar,
La muerte así del alma es el pecar.
  Si *juicio*, pues, *de Dios* tu nombre fué,
Y del juicio de Dios rayo fatal
Soy yo, que a mí mi furor postrar se ve
Vegetable, sensible y racional,
¿Por qué te asombras tú de mí? ¿Por qué
La porción se estremece en tí mortal?
Cóbrate, pues, y hagamos hoy los dos,
De Dios tú el juicio, y yo el poder de Dios.
  Aunque no es mucho que te asombres, no,
Aun cuando fueras Dios, de verme a mí;
Pues cuando él de la flor de Jericó
Clavel naciera en campos de alhelí,
Al mismo Dios le estremeciera yo
La parte humana, y al rendirse a mí,
Turbaran las estrellas su arrebol,

Su faz la luna, y su semblante el sol.
   Titubeara esa fábrica infeliz,
Y temblara esa forma inferior;
La tierra desmayara su cerviz,
Luchando piedra a piedra, y flor a flor:
A media tarde, joven infeliz,
Espirara del día el resplandor,
Y la noche su lóbrego capuz
Vistiera por la muerte de la luz.
   Mas hoy sólo me toca obedecer,
A tí, sabiduría, prevenir;
Manda, pues, que no tiene que temer
Matar el que no tiene que morir.
Mío es el brazo, tuyo es el poder;
Mío el obrar, si tuyo es el decir;
Harta de vidas sed tan singular,
Que no apagó la cólera del mar.
   El más soberbio alcázar, que ambición,
Si no lisonja, de los vientos es;
El muro más feliz, que oposición,
Si no defensa, de las bombas es;
Fáciles triunfos de mis manos son,
Despojos son humildes de mis piés:
Si el alcázar y muro he dicho ya,
¿Qué será la cabaña? ¿Qué será?
   La hermosura, el ingenio y el poder
A mi voz no se pueden resistir,
Que cuantos empezaron a nacer,
Obligación me hicieron de morir:
Todas están aquí, cuál ha de ser
La que hoy, juicio de Dios, mandas cumplir?
Que el concepto empezado más veloz,
No acabará de articular la voz.

Entre aquella vital respiración,
Que desde el corazón al labio hay,
Parará el movimiento con la acción,
El artificio, que un suspiro tray:
Cadáver de sí mismo el corazón,
Verás, rotos los ejes, cómo cay,
Sepulcro ya la silla en que era rey,
Justo decreto de precisa ley.
Yo abrasaré los campos de Nembrot;
Yo alteraré las gentes de Babel;
Yo infundiré los sueños de Behemot;
Yo verteré las plagas de Israel;
Yo teñiré la viña de Nabot,
Y humillaré la frente a Jezabel;
Yo mancharé las mesas de Absalón
Con la caliente púrpura de Amón.
Yo postraré la majestad de Acab,
Arrastrado en su carro de rubí;
Yo con las torpes hijas de Moab
Profanaré las tiendas de Zambrí;
Yo tiraré los chuzos de Joab;
Y si mayor aplauso fías de mí,
Yo inundaré los campos de Senar
Con la sangre infeliz de Baltasar.

DAN.   Severo y justo ministro
De las cóleras de Dios,
Cuya vara de justicia
Es una guadaña atroz;
Ya que el tribunal divino
Representamos los dos,
No quiero, no, que el decreto
Del libro, que es en rigor
De acuerdo, aunque ya en los hombres

Es *libro de olvido* hoy,
Ejecutes, sin que antes
Le hagas con piadosa voz
Los justos requerimientos
Que pide la ejecución.
Baltasar quiere decir
Tesoro escondido, y yo
Sé que en los hombres las almas
Tesoro escondido son.
Ganarle quiero; y así,
Sólo licencia te doy,
Para que a Baltasar hagas
Una notificación.
Recuérdale que es mortal,
Que la cólera mayor
Antes empuña la espada,
Que la desnuda; así yo,
Que la empuñes te permito,
Mas que la desnudes, no.   [*Vase*

ESCENA V

La MUERTE

MUER.   ¡Ay de mi! Qué grave yugo
Sobre mi cerviz cayó!
¡Sobre mis manos, qué hielo!
¡Sobre mis piés, qué prisión!
De tus preceptos atado,
Oh inmenso juicio de Dios,
La Muerte está sin aliento,
La cólera sin razón,
Para acordarle no más,
Que es mortal, de mi rigor

Sola una vislumbre basta,
De mi mal sola una voz.
¿Pensamiento?

ESCENA VI

Sale el PENSAMIENTO

PENS.   ¿Quién me llama?
MUER. Yo soy quien te llamo.
PENS.   Y yo
      Soy quien quisiera en mi vida
      No ser llamado de vos.
MUER. ¿Pues qué es lo que tienes?
PENS.   Miedo.
MUER. ¿Qué es miedo?
PENS.   Miedo es temor.
MUER. ¿Qué es temor?
PENS.   ¿Temor? espanto.
MUER. ¿Qué es espanto?
PENS.   ¿Espanto? horror.
MUER. Nada de eso sé lo que es;
      Que jamás lo tuve yo.
PENS. ¿Pues lo que no tenéis dais?
MUER. Por no tenerle le doy;
      ¿Adónde está Baltasar?
PENS. En un jardín con las dos
      Deidades que adora.
MUER.   Ponme
      Con él; llévame veloz
      A su presencia.
PENS.   Sí haré,
      Porque no tengo valor
      Para negarlo.

MUER.   Qué bien,
          Justo precepto de Dios,
          A hacerle de mí memoria
          En su pensamiento voy!   [*Vanse los dos*

ESCENA VII

Salen BALTASAR, IDOLATRÍA *y* VANIDAD

IDOL.   Señor, ¿qué grave tristeza...
VAN.   ¿Qué grave pena, señor,...
IDOL.   Tu discurso desvanece?
VAN.   Turba tu imaginación?
BALT.   No sé qué pena es la mía.

ESCENA VIII

Dichos.—El PENSAMIENTO *y la* MUERTE

PENS. (*a la Muerte*)   Llega, que allí está.
BALT.   Que estoy
          Pensando en las amenazas
          De aquella mano de Dios,
          Cuál ha de ser el castigo
          Que me ha prometido.
                              [*Vase retirando el Pensamiento
                              y deja ver tras sí a la Muerte*
MUER.   Yo.
BALT.   ¿Qué es esto que miro, cielos?
          Sombra, fantasma, o visión,
          Que voz y cuerpo me finges,
          Sin que tengas cuerpo y voz,
          ¿Cómo has entrado hasta aquí?
MUER.   ¿Cómo? Si es la luz el sol,
          Yo soy la sombra; y si él

La vida del mundo, yo
Del mundo la muerte; así
Entro yo como él entró,
Porque de luces a sombras
Esté igual la posesión.

IDOL. (*aparte*) ¿Quién es éste, que el mirarle
Le retira de los dos?

BALT. ¿Cómo a cada paso tuyo
Vuelve atrás mi presunción?

MUER. Porque das tú atrás los pasos,
Que yo hacia adelante doy.

PENS. (*aparte*) La culpa tuve en traerle,
Que soy un traidor traedor.

BALT. ¿Qué me quieres, y quién eres?
O luz, o sombra.

MUER. Yo soy
Un acreedor tuyo, y quiero
Pedirte como acreedor.

BALT. ¿Qué te debo, qué te debo?

MUER. Aquí está la obligación
En un libro de memorias.

[*Saca un libro de memorias*

BALT. Este es engaño, es traición,
Porque esta memoria es mía;
A mí, a mí se me perdió.

MUER. Es verdad, mas las memorias,
Que tú pierdes, hallo yo.

BALT. (*Lee*) "Yo el gran Baltasar hijo
De Nabucodonosor
Confieso que yo nací
En estado de pecado,
Y recibí (¡helado estoy!)
Una vida, que a la Muerte

He de pagar (¡que rigor!)
Cada y cuando la pida;
Cuya escritura pasó
Ante Moisés, los testigos
Siendo Adán, David, y Job."
Yo lo confieso, es verdad,
Mas no me ejecutes, no;
Dame más plazo a la vida.

MUER. Liberal contigo soy,
Porque aun no está declarada
Hoy la justicia de Dios:
Y para que se te acuerde
Ser, Baltasar, mi deudor,
De la gran Sabiduría
Este memorial te doy.

        [Vase, dándole un papel

ESCENA IX

BALTASAR, *la* IDOLATRÍA, *la* VANIDAD, *el* PENSAMIENTO

BALT. (*Abre el papel y lee*) "Así hable en un pro-
verbio
Del espíritu la voz:
Polvo fuiste, y polvo eres,
Y polvo has de ser." ¿Yo, yo
Polvo fuí, siendo inmortal?
¿Siendo eterno, polvo soy?
¿Polvo he de ser, siendo inmenso?
Es engaño, es ilusión.

        [Anda el Pensamiento al rededor de Baltasar

PENS. Yo, como loco, en efecto
Vueltas y más vueltas doy.

BALT. ¿No es deidad la Idolatría?

PENS. (*a la Idolatría*)   Acá me vengo con vos.

BALT.   La Vanidad no es deidad?

PENS. (*a la Vanidad*)   Ahora con vos estoy.

[*Anda al rededor de las dos*

BALT.   ¡Cuál anda mi pensamiento
Vacilando entre las dos!

IDOL. (*a la Vanidad*)   ¿Qué contendrá aquel papel,
Que tanto le divirtió
De nosotras?

[*Quítale la Vanidad el memorial*

VAN.   Desta suerte
Lo veremos.

PENS.   ¡Noble acción!
La memoria de la Muerte
La Vanidad le quitó.

BALT.   ¿Qué es lo que pasa por mí?

VAN.   Hojas que inútiles son,
El viento juegue con ellas.

[*Hace pedazos el papel, y lo arroja*

BALT.   ¿Aquí estábades las dos?

IDOL.   ¿Qué ha sido esto?

BALT.   No lo sé;
Una sombra, una ilusión,
Que ocupó mi fantasía,
Que mi discurso ocupó;
Pero ya se fué la sombra,
Desvaneciendo su horror.
¿Qué mucho que temerosa
La noche huyese, si vió
Que en vuestros ojos divinos
Madrugaba el claro sol?
Y no a los míos, parece,
Que solamente salió

Esa luz que me ilumina,
Que me alumbra ese esplendor,
Sino a todo el jardín; pues
Oscuro el rubio arrebol
Del sol estaba hasta veros,
Y viéndoos, amaneció
Segunda vez, porque como
Dos soles y auroras sois,
Él no se atrevió a salir
Sin licencia de las dos.

VAN.   Si soles somos y auroras,
Por su antigua adoración,
El sol es la Idolatría,
Yo la aurora, que inferior
Soy a los rayos; y así,
A ella debe el resplandor
El valle que goza, pues
Cuando entre sombras durmió,
No la despertó la aurora,
Que otro sol la despertó.

IDOL.   Concedo que aurora seas,
Y concédote que soy
Yo el sol, por rendirme a tí;
Porque al hermoso candor
De la aurora el sol le debe
Todo el primero arrebol;
Y así, siendo la primera
Su luz, que le iluminó,
La luz de la aurora ha sido
Más bella que la del sol,
Pues salió primero al valle,
Y antes que él amaneció.

PENS.   La hermosura y el ingenio

Se compiten en las dos,
Y pues convida el jardín
Con la dulce emulación
De las flores y las fuentes,
Sobre el lecho que tejió
Para sí la primavera,
Os sentad: lisonjas son
Los pájaros y las ramas,
Haciendo blando rumor
Al aire, que travesea
Entre las hojas veloz,
Donde aromas de cristal
Y pastillas de ámbar son
Las fuentecillas risueñas
Y el prado lleno de olor.

> [*Siéntanse todos, y en medio*
> *Baltasar, y la Idolatría le quita*
> *el sombrero, y con el penacho le*
> *hace aire*

IDOL.   Yo con el bello penacho
De las plumas que tejió
La Vanidad, escogidas
De la rueda del pavón,
Te haré aire.

PENS.   ¿Pues conmigo
No fuera mucho mejor,
Que soy sutil abanillo
Del Pensamiento? Aunque no;
Que más parezco en la cara
Abanillo del Japón.

VAN.   Yo con músicos cantando,
Pararé el aire a mi voz.

BALT.   La música del aurora

No me sonará mejor,
Cuando saludando al día
Entre uno y otro arrebol,
Le daban la bienvenida,
Perla a perla y flor a flor.
VAN. (*cantando*)   Ya Baltasar es deidad,
Pues le rinde en este día
Estatuas la Idolatría,
Y templos la Vanidad.

ESCENA X

Dichos y la MUERTE

MUER. (*aparte*)   Aquí apacible voz suena,
Donde con trágico estilo
Llora un mortal cocodrilo,
Canta una dulce sirena:
Tan poco pudo la pena
De mi memoria, que ha sido
De la Vanidad olvido,
Pues ya mi sombra le asombra,
A ver si puede mi sombra,
Lo que mi voz no ha podido.
Con el opio y el beleño
De los montes de la luna
Entorpezca su fortuna
Mi imágen pálida, el sueño.
Sea de su vida dueño
(En que se acuerde de mí,)
Un letargo, un frenesí,
Una imágen, un veneno,
Un horror de horrores lleno.
            [*Quédase dormido Baltasar*

VAN.   ¿Parece que duerme?
IDOL.   Sí.
VAN.   Pues entre sueños espero,
       Porque al despertar se halle
       Ufano, representalle
       Un aplauso lisonjero.   [*Vase*
IDOL.   Yo significarle quiero
       Dónde el vuelo ha de llegar
       De mi deidad singular.   [*Vase*
PENS.   Mi afán aquí descansó,
       Pues sólo descanso yo,
       Cuando duerme Baltasar.

                            [*Echase a dormir*

ESCENA XI

BALTASAR *y el* PENSAMIENTO *dormidos.—La* MUERTE

MUER.   Descanso del sueño hace
       El hombre, ¡ay Dios! sin que advierta,
       Que cuando duerme y despierta,
       Cada día muere y nace:
       Que vivo cadáver yace
       Cada día, pues (rendida
       La vida a un breve homicida)
       Que es su descanso, no advierte
       Una lección que la Muerte
       Le va estudiando a la vida.
       Veneno es dulce, que lleno
       De lisonjas, desvanece,
       Aprisiona y entorpece:
       ¿Y hay quien beba este veneno?
       Olvido es, de luz ageno,
       Que aprisionado ha tenido

En sí uno y otro sentido,
Pues ni oyen, tocan, ni ven,
Informes todos: ¿y hay quién
No se acuerde deste olvido?
Frenesí es, pues así
Varias especies atray,
Que goza inciertas: ¿y hay
Quién ame este frenesí?
Letargo es, a quien le dí
De mi imperio todo el cargo,
Y con repetido embargo
Del obrar y el discurrir,
Enseña al hombre a morir:
¿Y hay quién busque este letargo?
Sombra es, que sin luz asombra,
Que es su oscura fantasía
Triste oposición del día:
¿Y hay quién descanse a esta sombra?
Imágen, al fin, se nombra
De la muerte, sin que ultrajen,
Sin que ofendan, sin que atajen
Los hombres su adoración,
Pues es sola una ilusión:
¿Y hay quién adore esta imágen?
Pues ya Baltasar durmió,
Ya que el veneno ha bebido
Y ha olvidado aquel olvido,
Ya que el frenesí pasó,
Ya que el letargo sintió,
Ya de horror y asombro lleno
Vió la imágen, pues su seno
Penetra horror, que se nombra
Ilusión, letargo y sombra,

Frenesí, olvido y veneno;
Y pues Baltasar durmió,
Duerma, a nunca despertar,
Sueño eterno Baltasar
De cuerpo y alma.

[*Saca la espada y quiere matarle*

ESCENA XII

Dichos y DANIEL

DAN.   Eso no.

[*Detiene el brazo a la Muerte*

MUER. ¿Quién tiene mi brazo?

DAN.   Yo
Porque el plazo no ha llegado:
Número determinado
Tiene el pecar y el vivir,
Y el número ha de cumplir
Este aliento, ese pecado.

MUER.   Llegarán (¡hado cruel!)
Cumpliranse (¡pena fiera!)
Para que algún justo muera,
Vuestras semanas, Daniel,
Y no un pecador. ¡O fiel
Juez de la ejecución mía!
¿Qué esperáis? Que si este día
Logra una temeridad,
Oye allí la Vanidad,
Mira allí la Idolatría.

ESCENA XIII

BALTASAR *y el* PENSAMIENTO *dormidos.—La* MUERTE,
DANIEL, *la* VANIDAD, *la* IDOLATRÍA.—*Una* ESTATUA

*Ábrese una apariencia a un lado, y se ve una estatua
de color de bronce a caballo, y la Idolatría tenién-
dole el freno, y al otro lado sobre una torre aparece
la Vanidad con muchas plumas, y un instrumento
en la mano*

IDOL.   Baltasar de Babilonia,
           Que a las lisonjas del sueño,
           Sepulcro tú de tí mismo,
           Mueres vivo, y vives muerto...
BALT. (*entre sueños*)   ¿Quién me llama? ¿Quién me
           llama?
           Mas, si a mis fantasmas creo,
           Ya, Vanidad, ya te miro,
           Ya, Idolatría, te veo.
IDOL.   Yo, la sacra Idolatría,
           Deidad, que del sol desciendo
           A consagrarte esta estatua
           Del supremo alcázar vengo,
           Porque tenga adoración
           Hoy tu imágen en el suelo.
VAN.   Yo, la humana Vanidad,
           Que en los abismos me engendro,
           Y naciendo entre los hombres,
           Tengo por esfera el cielo;
           Para colocar la estatua,
           Este imaginado templo
           Te dedico, que de pluma
           He fabricado en el viento.

BALT. (*entre sueños*)   ¡Qué triunfos tan soberanos!
　　　¡Qué aplausos tan lisonjeros!
　　　Ofréceme, Idolatría,
　　　Altares, aras, inciensos,
　　　Y adórense mis estatuas
　　　Por simulacros escelsos.
　　　Tú, Vanidad, sube, sube
　　　A coronarte al imperio.
　　　Ilústrese una, volando;
　　　Ilústrese otra, cayendo.
　　　　　　　[*Baja la estatua, y sube la torre, y
　　　　　　　cantan la Vanidad y la Idolatría*
IDOL. (*cantando*)   *Bajad, estatua, bajad,*
　　　A ser adorada id.
VAN. (*cantando*)   *A ser eterno subid,*
　　　Templo de la Vanidad.
IDOL.   *Corred, bajad.*
VAN.　　　　　*Subid, volad.*
LAS DOS. *Pues hoy de los vientos fía...*
IDOL.   *Estatuas la Idolatría...*
VAN.   *Y templo la Vanidad.*
MUER.   Suéltame, Daniel, la mano;
　　　Verás qué osado y soberbio
　　　Acabo, como Sansón,
　　　Con el ídolo y el templo.
DAN.   Ya yo te la soltaré,
　　　Veloz cometa de fuego,
　　　En siendo tiempo, al rigor;
　　　Pero hasta que sea tiempo,
　　　Aquesa estatua de bronce
　　　Le dé otro metal acuerdo,
　　　Que trompeta de metal,
　　　Tocada por mi precepto,

Será trompeta de juicio.

MUER.   A los dos está bien eso,
Que en tocando la trompeta,
A su voz el universo
Todo espirará; y así,
¡O tú, peñasco de acero!
¿Qué espíritu aborrecido
Vive por alma en tu pecho?
Deidad mentida de bronce,
Desengáñate a tí mesmo.

[*Vase con Daniel*

ESCENA XIV

BALTASAR *y el* PENSAMIENTO, *dormidos.*—*La* VANIDAD,
la IDOLATRÍA, *la* ESTATUA

EST.   ¿Baltasar?
BALT.   ¿Qué es lo que quieres,
Ilusión o fingimiento?
¿Qué me matas? ¿Qué me afliges?
EST.   Oye, y velen a mi aliento
Hoy los sentidos del alma,
Mientras duermen los del cuerpo,
Que contra la Idolatría
Áspid de metal me vuelvo,
Porque como el áspid, yo
Muera a mí mismo veneno;
Y en tanto que el labio duro
Del bronce articula acentos,
Enmudezcan esas voces,
Que son lisonjas del viento.
Yo soy la estatua que vió
Nabuco, hecha de diversos

Metales, con piés de barro,
A quien una piedra luego
Deshizo, piedra caída
Del monte del testamento.
No la adoración divina
Tiranices a los cielos,
Que yo por verme adorar
De tres jóvenes hebreos,
El horno de Babilonia
Encendí, donde su esfuerzo
Al fuego se acrisoló,
Y no se deshizo al fuego;
Sidrac, Misac y Abdenago
Son vivos testigos desto.
Los dioses que adoras son
De humanas materias hechos;
Bronce adoras en Moloc,
Oro en Astarot, madero
En Baal, barro en Dagón,
Piedra en Baalín, y hierro
En Moab; y hallando en mí
El *juicio de Dios* inmenso,
A mis voces de metal
Os rendid las dos, rompiendo
Las plumas y las estatuas.
                    [*Sube la estatua, y baja la torre*
VAN.   ¡Que me abraso!
IDOL.   ¡Que me hielo!
VAN.   Ya a los rayos de otro sol
       He desvanecido el vuelo.
IDOL. Y yo a la luz de otra fe,
       Mis sombras desaparezco.
                    [*Cúbrense todas*

ESCENA XV

BALTASAR *y el* PENSAMIENTO

BALT. (*despertándose*)   ¡Oye, espera, escucha, aguarda!
                                                    [*A las dos*
        No, no me niegues tan presto,
        Tal vanidad, tal ventura.
                                    [*Despierta el Pensamiento*
PENS. ¿De qué das voces? ¿Qué es esto?
BALT. ¡Ay Pensamiento! No sé:
        Pues cuando deidad me miento,
        Pues cuando señor me aclamo,
        Y de mi engaño recuerdo,
        Sólo tus locuras hallo,
        Sólo tus locuras veo.
PENS.   Pues ¿qué es lo que te ha pasado?
BALT.   Yo ví en el pálido sueño
        Donde estaba descansando,
        Todo el aplauso que tengo:
        Subía mi Vanidad
        A dar con su frente al cielo;
        Bajaba mi Idolatría
        Desde su dorado imperio.
        Aquélla un templo me daba,
        Esta una estatua; y al tiempo
        Que ésta y aquélla tenía
        Hecha la estatua y el templo,
        Una voz de bronce, una
        Trompeta, que ahora tiemblo,
        De aquélla abrasó las plumas,
        Désta deshizo el intento,
        Quedando el templo y la estatua

Por despojos de los vientos.
¡Ay de mí! La Vanidad
Es la breve flor de almendro;
La Idolatría la rosa
Del sol; aquélla, al primero
Suspiro, se rinde fácil
A las cóleras del cierzo;
Ésta a la ausencia del día,
Desmaya los rizos crespos;
¡Breve sol y breve rosa
De las injurias del tiempo!

ESCENA XVI

BALTASAR, *el* PENSAMIENTO *y la* IDOLATRÍA

IDOL.　　No ha de vencer mis glorias,
Una voz, ni un engaño mis victorias;
Triunfe la pompa mía
En esta noche de la luz del día.
Baltasar, soberano
Príncipe, rey divino, más que humano,
Mientras que suspendido
Diste al sueño la paz de tu sentido,
Treguas del pensamiento,
Mi amor, a tus aplausos siempre atento,
Velaba en tus grandezas;
Que no saben dormirse las finezas.
Una opulenta cena,
De las delicias y regalos llena,
Que la gula ha ignorado,
Te tiene prevenida mi cuidado,
Adonde los sentidos
Todos hallan sus platos prevenidos.

En los aparadores
La plata y oro brillan resplandores,
Y con ricos despojos
Hartan la hidropesía de los ojos.
Perfumes lisonjeros
Son aromas de flores, en braseros
De verdes esmeraldas,
Que Arabia la Feliz cría en sus faldas;
Para tí solo plato,
Que el hambre satisface del olfato.
La música acordada,
Ni bien cerca de tí, ni retirada,
En numeroso acento suspendido,
Brinda a la sed con que nació el oído.
Los cándidos manteles,
Bordados de azucenas y claveles
A dibujos tan bellos,
Que hace nuevo valor la nieve en ellos,
Son al tacto suave
Curiosidad, que lisonjearle sabe.
Néctares y ambrosías,
Frías bebidas, (basta decir frías),
Destiladas de rosas y azahares,
Te servirán a tiempo entre manjares,
Porque con salva y aparato justo
Alternen con las copas hoy al gusto;
Y porque aquéstas sean
En las que más tus triunfos hoy se vean,
Los vasos que al gran Dios de Israel sagrados
Trajo Nabucodonosor robados
De aquella gran Jerusalén, el día
Que al oriente estendió su monarquía,
Manda, señor, traellos;

Hoy a los dioses brindarás con ellos,
(Profanando el tesoro)
A tu templo los ídolos que adoro;
Postres serán mis brazos,
Fingiendo redes, e inventando lazos,
Cifrando tus grandezas,
Tus pompas, tus trofeos, tus riquezas,
Este maná de amor, donde hacen plato,
Olfato, ojos y oídos, gusto y tacto.

BALT.   En viéndote, me olvido
De cuantos pensamientos he tenido,
Y despierto a tu luz hermosa, creo,
Más que lo que imagino, lo que veo.
Sólo tu luz podía
Divertir la fatal melancolía
Que mi pecho ocupaba.

PENS.   Eso sí ¡vive el cielo! que esperaba,
Según estás de necio,
Que de tal cena habías de hacer desprecio:
Haya fiesta, haya holgura;
Deje el llanto esta noche; mi locura
A borrachez se pasa,
Pero todo se cae dentro de casa.

BALT.   Los vasos que sirvieron en el templo,
Eterna maravilla sin ejemplo,
A sacerdotes de Israel, esclavo,
Sírvanme a mí también.

PENS.   Tu gusto alabo.
BALT.   Vayan por ellos.

ESCENA XVII

BALTASAR, *el* PENSAMIENTO, *la* IDOLATRÍA, *la* VANIDAD.
Música, Acompañamiento

VAN.   Escusado ha sido,
Que ya la Vanidad los ha traído.
IDOL.   Sacad las mesas presto
A aqueste cenador.
PENS.   ¿A mí? ¿Qué es esto?
VAN.   Pues ¿quién habla contigo?
PENS.   Quien dice cenador, ¿no habla conmigo?
Pues si yo he de cenar, señora, es cierto
Que soy el cenador, y ahora advierto,
Que por mí se haría,
Aquella antigua copla, que decía: [*Canta*
Para mí se hicieron cenas,
Para mí, que las tengo por buenas,
Para mí, para mí,
Que para cenar nací.
                [Sacan la mesa con vasos de plata,
                y van sirviendo los platos de comida
                a su tiempo
BALT.   Sentáos las dos, y luego por los lados
Sentáos todos mis deudos y criados,
Que cena donde están por tales modos
Vasos del templo, es cena para todos,
Y las gracias que demos, celebrando
Hoy a los dioses, ha de ser cantando.
MÚSICA.   *Esta mesa es este día*
Altar de la Idolatría,
De la Vanidad altar,
Pues adornan sin ejemplo

Todos los vasos del templo
La cena de Baltasar.

[Pónense a cenar todos

ESCENA XVIII

Dichos.—La MUERTE *disfrazada*

MUER. (*aparte*)   A la gran cena del Rey,
  Disfrazado ahora vengo;
  Pues en esta cena estó
  Escondido y encubierto,
  Entre los criados suyos
  Que podré encubrirme, creo.
  Descuidado a Baltasar
  De mis memorias le veo,
  Cercado de sus mujeres
  Y los grandes de su reino.
  Los vasos que Salomón
  Consagró al Dios verdadero,
  Y donde sus sacerdotes
  Los sacrificios hicieron,
  Sus aparadores cubren.
  ¡Oh juicio de Dios eterno!
  Suelta ya tu mano, suelta
  La mía, porque ya el peso
  De sus pecados cumplió
  Con tan grande sacrilegio.
BALT. Dadme de beber.
    [*Toma el Pensamiento los platos, y come*
PENS. (*a la Muerte*) ¡Hola, hao,
  Camarada! ¿no oís aquello?
  Llevad de beber al Rey,
  Mientras que yo estoy comiendo.

MUER. (*aparte*)   (Por criado me han tenido;
          Servirle la copa quiero,
          Pues no podrá conocerme
          Quien está olvidado y ciego.
          Este vaso del altar
          La vida contiene, es cierto,
          Cuando a la vida le sirve
          De bebida y de alimento;
          Mas la muerte encierra, como
          La vida; que es argumento
          De la muerte y de la vida,
          Y está su licor compuesto
          De néctar y de cicuta,
          De triaca y de veneno.)
          Aquí está ya la bebida.
                    [*Llega a dar la bebida al Rey*
BALT.   Yo de tu mano la acepto.
          ¡Qué hermoso vaso!
MUER. (*aparte*)   ¡Ay de tí!
          Que no sabes lo que hay dentro.
IDOL.   El Rey bebe, levantáos.
                    [*Levántanse todos*
BALT.   Yo las glorias de mi imperio,
          En este vaso del Dios
          De Israel brindo a los nuestros.
          ¡Moloc, dios de los asirios,
          Viva!   [*Bebe despacio*
PENS.   La razón haremos.
          Sólo hoy me parecen pocos
          Treinta mil dioses, y pienso
          Hacer la razón a todos.
IDOL.   Cantad, mientras va bebiendo.
MÚSICA. *Esta mesa es este día*

Altar de la Idolatría,
De la Vanidad altar,
Pues le sirven sin ejemplo
El cáliz, vaso del templo,
En que bebe Baltasar.

[*Suena un trueno muy grande*

BALT.　¡Qué estraño ruido! ¿Qué asombro
Alborota con estruendo,
Tocando al arma las nubes,
La campaña de los vientos?

IDOL.　Como bebiste, será
Salva que te hacen los cielos
Con su horrible artillería.

VAN.　De sombra y de horror cubiertos
Nos esconden las estrellas.

MUER.　¡Cuánto las sombras deseo,
Como padre de las sombras!

BALT.　Caliginosos y espesos
Cometas al aire vano
Cruzan, pájaros de fuego;
Bramidos da de dolor
Preñada nube gimiendo;
Parece que está de parto,
Y es verdad, pues de su seno
Rompió ya un rayo, abrasado
Embrïon, que tuvo dentro;
Y siendo su fruto el rayo,
Ha sido el bramido un trueno.

[*Da un gran trueno, y con un cohete*
de pasada sale una mano, que vendrá
a dar adonde habrá en un papel
escritas estas letras: Mané, Techel,
Farés.

¿No veís? (¡ay de mí!) ¿no veís
Que rasgando, que rompiendo
El aire trémulo, sobre
Mi cabeza está pendiendo
De un hilo, que en la pared
Toca? ¡y su forma advierto,
Una mano es, una mano,
Que la nube al monstruo horrendo
Le va partiendo a pedazos!
¿Quién vió, quién, rayo compuesto
De arterias? No sé, no sé
Lo que escribe con el dedo;
Porque en habiendo dejado
Tres breves rasgos impresos,
Otra vez sube la mano
A juntarse con el cuerpo.
Perdido tengo el color,
Erizado está el cabello,
El corazón palpitando,
Y desmayado el aliento.
Los caracteres escritos,
Ni los alcanzo, ni entiendo,
Porque hoy es Babel de letras
Lo que de lenguas un tiempo.

VAN.   Un monte de fuego soy.
IDOL.   Y yo una estatua de hielo.
PENS.   Yo no soy monte ni estatua,
       Mas tengo muy lindo miedo.
BALT.   Idolatría, tú sabes
       De los dioses los secretos.
       ¿Qué dicen aquellas letras?
IDOL.   Ninguna de ellas acierto.
       Ni áun el carácter conozco.

BALT.   Tú, Vanidad, cuyo ingenio,
        Ciencias comprendió profundas
        En magos y en agoreros,
        ¿Qué lees? dí. ¿Qué lees?

VAN.   Ninguna
        Se da a partido a mi ingenio:
        Todas, todas las ignoro.

BALT.   ¿Qué alcanzas tú, Pensamiento?

PENS.   ¡A buen sabio lo preguntas!
        Yo soy loco, nada entiendo.

IDOL.   Daniel, un hebreo que ha sido,
        Quien interpretó los sueños
        Del árbol, y de la estatua
        Lo dirá.

ESCENA XIX

Dichos.—DANIEL

DAN.   Pues oíd atentos:
        Mané, dice que ya Dios
        Ha numerado tu reino:
        Techel, y que en él cumpliste
        El número, y que en el peso
        No cabe una culpa más:
        Farés, que será tu reino
        Asolado y poseído
        De los persas y los medos.
        Así la mano de Dios
        Tu sentencia con el dedo
        Escribió, y esta justicia
        La remite por derecho
        Al brazo seglar; que Dios
        La hace de tí, porque has hecho

Profanidad a los vasos,
Con baldón y con desprecio;
Porque ningún mortal use
Mal de los vasos del templo,
Que son a la ley de gracia
Reservado sacramento,
Cuando se borre la escrita
De las láminas del tiempo.
Y si profanar los vasos
Es delito tan inmenso,
Oíd, mortales, oíd,
Que hay vida, y hay muerte en ellos,
Pues quien comulga en pecado
Profana el vaso del templo.

BALT. ¿Muerte hay en ellos?

MUER.   Sí, cuando
Yo los sirvo, que soberbio
Hijo del pecado soy,
A cuyo mortal veneno,
Que bebiste, has de morir.

BALT. Yo te creo, yo te creo,
A pesar de mis sentidos,
Que torpes y descompuestos,
Por el oído y la vista,
A tu espanto y a tu estruendo
Me están penetrando el alma,
Me están traspasando el pecho.
Ampárame, Idolatría,
Deste rigor.

IDOL.   Yo no puedo,
Porque a la voz temerosa
De aquel futuro misterio,
Que has profanado en los vasos

Hoy en rasgos y bosquejos,
Todo el valor he perdido,
Postrado todo el aliento.

BALT. Socórreme, Vanidad.

VAN. Ya soy humildad del cielo.

BALT. Pensamiento.

PENS. Tu mayor
Contrario es tu Pensamiento,
Pues no quisiste creerle
Tantos mortales acuerdos.

BALT. Daniel.

DAN. Soy juicio de Dios;
Está ya dado el decreto,
Está el número cumplido,
Baltasar.

PENS. *Nulla est redemptio.*

BALT. ¡Todos, todos me dejáis
En el peligro postrero!
¿Quién ampararme podrá
Deste horror, deste portento?

MUER. Nadie; que no estás seguro
En el abismo, en el centro
De la tierra.

BALT. ¡Ay, que me abraso!

MUER. (*Saca la espada, y dale una estocada, y luego
se abraza con él, como que luchan*)
Muere, ingrato.

BALT. ¡Ay, que me muero!
¿El veneno no bastaba
Que bebí?

MUER. No, que el veneno
La muerte ha sido del alma,
Y ésta es la muerte del cuerpo.

BALT.   Con las ansias de la muerte,
Triste, confuso y deshecho,
A brazo partido lucho,
El cuerpo y alma muriendo.
¡Oíd, mortales, oíd
El riguroso proverbio
Del *Mané, Techel, Farés*,
Del juicio de Dios supremo!
Al que los vasos profana
Divinos, postra severo,
Y el que comulga en pecado,
Profana el vaso del templo.

> [*Éntranse luchando los dos,
> y tras ellos el Pensamiento*

ESCENA XX

La IDOLATRÍA, *la* VANIDAD, DANIEL. *Luego la* MUERTE

IDOL.   De los sueños de mi olvido
Como dormida despierto
Y pues a la Idolatría
Dios no escepta, según veo,
En la sábana bordada
De tantos brutos diversos
Como Cristo mandará,
Que mate, y que coma Pedro.
¡Quién viera la clara luz
De la ley de gracia, cielos,
Que ahora es la ley escrita!

> [*Sale la Muerte de galán, con espada
> y daga, y el manto lleno de muertes*

MUER.   Bien puedes verla en bosquejo,
En la piel de Gedeón,

En el maná del desierto,
En el panal de la boca
Del león, en el cordero
Legal, en el pan sagrado
De Proposición.

DAN.   Y si esto
No lo descubre, descubra
En profecía este tiempo
Esta mesa transformada
En pan y en vino; estupendo
Milagro de Dios, en quien
Cifró el mayor Sacramento.

> [*Descúbrese, con música, una mesa,*
> *con pié de altar, y en medio un cáliz*
> *y una hostia, y dos velas a los lados*

IDOL.   Yo, que fuí la Idolatría,
Que dí adoración a necios
Ídolos falsos, borrando
Hoy el nombre de mí y de ellos,
Seré latría, adorando
Este inmenso Sacramento.
Y pues su fiesta celebra
Madrid, al humilde ingenio
De don Pedro Calderón
Suplid los muchos defectos;
Y perdonad nuestras faltas,
Y las suyas, advirtiendo,
Que nunca alcanzan las obras
Donde llegan los deseos.

www.ingramcontent.com/pod-product-compliance
Ingram Content Group UK Ltd.
Pitfield, Milton Keynes, MK11 3LW, UK
UKHW042148280225
455719UK00001B/193